하루 동안 떠나는 생물학 여행

생물학이 정말 우리 생활 속에 있다고?

세실리아·발레리아 글 | 파블로 피시크 그림
윤승진 옮김 | 이은희 감수·추천

찰리북

Biología hasta en la sopa

Text by Cecilia Di Prinzio & Valeria Edelsztein
Illustrations by Pablo Picyk
© ediciones iamiqué, 2022
First published in Spanish Language by ediciones iamiqué, 2022
All rights reseved.
Korean translation copyright © Charlie Book, 2023
Korean translation rights arranged with ediciones iamiqué through The ChoiceMaker Korea Co.

이 책의 한국어판 저작권은 초이스메이커코리아를 통해 ediciones iamiqué와의 독점 계약으로 찰리북에 있습니다.
저작권법에 의해 한국 내에서 보호를 받는 저작물이므로 무단 전재와 무단 복제를 금합니다.

하루 동안 떠나는 생물학 여행
생물학이 정말 우리 생활 속에 있다고?

1판 1쇄 발행 | 2023년 6월 15일

글 | 세실리아 · 발레리아 그림 | 파블로 피시크 옮김 | 윤승진 감수 · 추천 | 이은희
펴낸이 | 박철준 편집 | 신지원 정미리 디자인 | 꽁 디자인
펴낸곳 | 찰리북 출판등록 | 2008년 7월 23일 (제313-2008-115호)
주소 | 서울시 마포구 동교로18길 33, 201 (서교동, 그린홈)
전화 | 02)325-6743 팩스 | 02)324-6743
전자우편 charliebook@gmail.com | 인스타그램 instagram.com/charliebook_insta
블로그 blog.naver.com/charliebook
ISBN 979-11-6452-059-6 73470

※ 잘못된 책은 구입하신 곳에서 바꾸어 드립니다.
※ KC마크는 이 제품이 공통안전기준에 적합하였음을 의미합니다.
▲주의 책 모서리가 날카로우니 던지거나 떨어뜨려 다치지 않도록 주의하시오.

시간	내용	페이지
11:00	나무는 무엇으로 만들어졌을까요?	6
11:15	성장은 어떻게 이루어질까?	8
11:30	생물은 영원히 자랄 수 있을까?	10
12:00	사람은 왜 늙는 걸까?	12
12:15	죽음은 무엇일까요?	14
13:00	동물은 모두 뇌가 있을까요?	16
13:30	심장이 없는 채로 살 수 있을까요?	18
14:00	왜 자꾸 배가 고플까요?	20
14:30	소화시킨다는 건 무슨 뜻일까요?	22
15:30	식물은 어떻게 영양분을 얻을까?	24
16:00	육식성 식물은 어떻게 고기를 먹을까요?	26
17:00	우리 몸은 어떻게 체온을 유지할까요?	28
17:30	DNA는 뭘까요?	30
17:45	생명체는 어디에서 왔을까요?	32
18:00	세상에는 얼마나 많은 종류의 생물이 존재할까요?	34
18:30	왜 어떤 생물은 사라졌을까요?	36
18:45	생물은 예나 지금이나 똑같을까요?	38
19:00	생물과 비생물의 차이는 무엇일까요?	40
19:30	좀비는 살아 있는 걸까, 죽은 걸까?	42
19:45	다른 행성에도 생명체가 있을까요?	44
22:00	생물학을 위해 건배!	46

안녕!

내 이름은 발레리아이고, 화학자랍니다.
그런 내가 요즘은 생물학에 대해 공부하게 됐지 뭐예요!
며칠 전 있었던 일을 들려주고 싶네요.

제 딸 소피아와 아들 토마스는 어릴 때부터
궁금한 게 있으면 저에게 물어보곤 했어요.
그러면 저는 기꺼이 대답해 주려고 노력했죠.
그런데 최근에는 화학뿐 아니라
생물학에 관한 질문이 많아졌지 뭐예요!
저는 제 친구 세시를 만나야겠다고 생각했어요.
세시는 생명 공학을 연구하는 박사거든요.
그러니 생물학에 관한 궁금증을 풀어 줄
최고의 해결사가 아니겠어요?

어느 토요일 아침, 우리는 세시의 집으로 출발했어요.
세시의 집은 도시 바깥에 있어서 이른 아침부터 서둘렀죠.

11:00

세시네 집 마당에는
나무들이 늘어서 있었어요.
멋진 풍경에 입이 떡 벌어졌죠.
불현듯 소피아가 묻더군요.

"나무는 무엇으로
만들어졌을까요?"

" 모든 생명체가 그런 것처럼 나무는 세포로 이루어져 있어.
아주 작은 애벌레부터 아주 커다란 코끼리까지 모든 생물은 세포로
이루어져 있단다. 세포란 생물체를 이루고 있는 기본 단위야.
상한 음식을 먹고 배가 아픈 적 있었지? 상한 음식에는 우리를 아프게
하는 세균이 들어 있어서 그래. 세균은 세포 한 개로만 이루어진 생물이야.
이렇게 **하나의 세포로만 이루어진 생물을 '단세포 생물'이라고 불러.
나무나 동물 그리고 사람처럼 아주 많은 세포로 이루어진 생물은
'다세포 생물'이라고 해.**
세포는 생김새가 여러 가지야. 근육 세포처럼 가늘고 긴 모양이
있는가 하면, 적혈구처럼 동글동글하고 납작하게 생긴 것도 있어.
신경 세포는 별 모양이지.
세포는 대부분 색깔이 없지만 적혈구처럼 색깔을 띠는 것도 있어.
적혈구는 무슨 색이냐고? 당연히 붉은색이지!"

세포는 모두 작을까요?

세포는 대부분 크기가 작아요.
현미경으로 봐야만 알아볼 수
있을 정도로 아주 작지요.
그런데 큰 세포가 아예 없는 건
아니에요. 우리가 자주 먹는 달걀은
하나의 큰 세포로 되어 있어요.

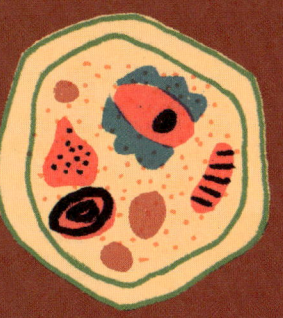

세포는 작은 주머니와 같아요.
막으로 둘러싸여 있거든요.
세포를 둘러싼 막은 주변
환경으로부터 세포를 보호하고,
세포 안팎으로 물질들이
들어오고 나갈 수 있게 조절하는
역할을 해요.
세포는 70~80퍼센트가 물로
이루어져 있답니다.

11:15

세시는 소피아와 토마스를 보더니
그사이 많이 자랐다며 놀라워했죠.

"성장은 어떻게
이루어질까?"

"성장은 사람이나 동식물 등이 어느 시기 동안만 점점 자라서 커지는 것을 말해. 세균 같은 단세포 생물은 세포가 점점 커지면서 성장해. 사람이나 동물, 나무 같은 다세포 생물은 세포도 커지고 세포의 수도 늘어나면서 성장해.
이렇듯 **세포는 필요한 물질들을 끌어들여 새로운 세포를 만들어 내면서 성장한단다.**
세포의 수를 어떻게 늘리냐고? 간단해. 세포 하나가 두 개의 세포로 분열해. 분열한 세포는 또 각각 두 개의 세포로 분열해. 그런 식으로 계속해서 수가 늘어나는 거야.
세포가 성장과 분열을 하는 데는 물질과 에너지가 필요해. 사람과 동물은 음식을 먹고 그 안에 담긴 영양분에서 필요한 것들을 얻어 내지. 영양분은 피부와 뼈 등 몸의 많은 것을 이루고 있는 세포를 형성하는 데 매우 중요한 요소야. 음식물에서 에너지를 얻으려면 공기에 포함된 산소도 있어야 한단다."

몸무게 70킬로그램, 키 170센티미터인 사람의 몸은 총 37조 개의 세포로 이루어져 있다고 해요.

세포는 계속 분열할까요?

세포는 보통 10시간 또는 20시간마다 분열해서 그 수를 늘려 가요.
물론 분열하는 주기는 세포에 따라 매우 다양하죠.
그런데 영원히 분열하는 세포는 없어요. 태어난 이후 40~60회 정도 분열하고 나면 세포는 더 이상 분열하지 않아요.

11:30

우리는 나무 그늘에 자리를 잡았어요.
하늘을 향해 위풍당당하게 뻗어 있는
나뭇가지를 바라보고 있자니
세시는 문득 궁금해졌어요.

"생물은 영원히
자랄 수 있을까?"

"대답은 '경우에 따라 다르다!'이지. 모든 생물이 살아 있는 동안 계속해서 성장하는 것은 아니야. 한 생물의 모든 부위가 똑같이 성장하는 것도 아니지. 예컨대 **사람은 태어나고 1년간 가장 빠르게 성장하지만, 이후에는 성장 속도가 줄어들어. 그러다가 사춘기가 되면 다시 한번 빠르게 성장하지.** 그렇지만 일정한 나이에 이르면 더는 성장하지 않아. 사람은 스무 살 즈음부터 키가 더 이상 자라지 않지. 그런데 몸무게는 달라. 몸무게는 나이가 들어도 계속 늘어날 수 있어.
그런가 하면 평생 자라는 생물도 있지. 버섯류나 식물, 파충류, 일부 어류가 그래. 몸 전체가 자라기도 하고 일부분만 자라기도 하지.
나무의 경우를 볼까? 나무는 키가 계속해서 자라지만, 나뭇잎은 일정한 크기가 되면 성장을 멈추지."

세상에서 가장 커다란 생물은요?

오늘날, 지구에 사는 생물 중에서 가장 커다란 생물은 무엇일까요? 바로 버섯이에요! 미국 오리건주 멀루어 국립공원에서 살고 있는 잣뽕나무버섯이 세상에서 가장 커다란 생물이에요. 이 버섯은 겉면이 축구장을 약 1,665개 이어 붙인 것과 맞먹어요. 나이는 2,400세 정도 되었어요.

머리카락을 자르지 않고 계속 기르면 어떻게 될까요? 머리카락은 영원히 자라지 않고, 한정된 시기까지만 자라요. 사람마다 머리카락이 자라는 기간은 조금씩 달라요. 12년 동안이나 머리카락이 자란 사람이 있어요. 닐란시 파텔이라는 인도 여성이 그랬죠. 파텔은 머리카락이 2미터에 달해서 기네스 세계 기록을 달성한 바 있어요. '라푼젤'이라는 별명도 얻게 되었죠.

12:00

세시는 소피아와 토마스가 자라는 동안
자신은 흰머리만 잔뜩 생겼다며 웃었어요.
그러다 세시는 문득 이렇게 질문했어요.

"사람은 왜 늙는 걸까?"

> 모든 생물은 시간이 흐르면서 늙어 가지. 사람도 시간이 흐를수록 늙잖아! 그런데 늙는 기준과 시간은 생명체마다 달라. 초파리는 열흘 정도만 살아도 늙은 초파리에 속해. 카네이션은 땅에 심은 지 일 년 정도 지나면 늙었다고 할 수 있어. 고양이는 열 살쯤 되었을 때 늙은 고양이가 되었다고 하지.
> **이렇듯 모든 생물의 살아 있는 세포는 시간이 갈수록 자연스럽게 손상되지. 날마다 조금씩 상하고 닳아 없어지는 거야.** 방사선 같은 환경적인 영향을 받으면 더 빨리 늙기도 하지.
> **세포가 늙으면 세포의 기능이 떨어져.** 어떤 세포는 새로운 세포로 대체되지만 모든 세포가 그렇지는 않아. 대다수 생물은 노화하면서 세포가 손상되고, 장기나 부위가 제 역할을 하지 못해.
> 그런데 생명체에게서 공통적으로 나타나는 노화 신호가 있어. 재생 능력이나 운동 능력이 떨어지고, 자극에 대한 반응이 둔해지는 거야. 또 각각의 생물은 고유한 노화 신호도 갖고 있어. 식물은 잎이 노르스름해지고, 말이나 소 같은 커다란 초식 동물은 이빨이 닳아 없어지지. 포유류는 털이 빠지거나 하얗게 세고, 피부에 주름이 생겨. 사람도 늙으면 흰머리가 많이 생기잖아!"

멜라닌 세포는 머리카락에 색소를 공급하는 역할을 한답니다. 흰머리는 멜라닌 세포가 예전만큼 색소를 만들어 내지 못하거나 아예 만들지 않아서 생기는 거예요.

다시 시작해요!

홍해파리는 신기한 생물이에요. 다 자란 뒤에, 다시 어린 시절 상태로 되돌아갈 수 있거든요. 이 과정에서 홍해파리의 세포는 다시 태어나요. 그렇게 홍해파리는 새 삶을 시작하며 바닷속을 신나게 헤엄쳐 다니지요.

12:15

우리는 노화에 관해 이야기하는 동안 세시의 강아지인 탱고가 없다는 사실을 깨달았어요. 탱고는 세상을 떠났던 거예요.

"죽음은 무엇일까요?"

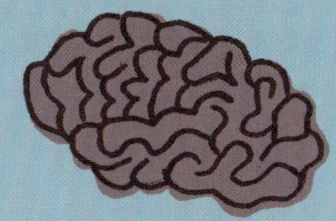

" 대표적인 단세포 생물인 세균은 그 세포 하나가 죽으면 단숨에 죽음에 이르러. 이와 달리 파리나 물고기, 강아지 같은 다세포 생물은 몸을 이루는 모든 세포가 다 죽어도 죽음에 이르는 건 아니야. 일부 세포만 죽어도 죽음에 이를 수 있지. 그렇다고 해서 아무 세포나 다 그렇지는 않아. 어떤 장기나 신체 부위는 목숨을 유지하는 데 아주 중요한 역할을 하지만 그렇지 않은 것들도 있거든. 사람의 경우에는 손이나 발, 신장, 뇌 등을 이루는 세포가 일부 죽어도 생명을 이어 가는 데는 문제없을 때가 많아. 피부를 이루는 세포 대부분이 죽은 상태에서도 장기는 여전히 제 기능을 하는 경우도 많지.

그렇다면 살아 있지 않다는 건 어떤 상태를 뜻할까? 폐, 심장, 뇌가 일시적으로 기능을 멈추었다고 해서 죽은 상태라고 하지 않아. 바로 **폐, 심장, 뇌가 기능을 못 하고 다시는 되돌아갈 수 없을 때 우리는 '살아 있지 않다, 죽었다.' 라고 하지**. 이런 현상은 노화나 예기치 않은 사고 등으로 일어날 수 있단다."

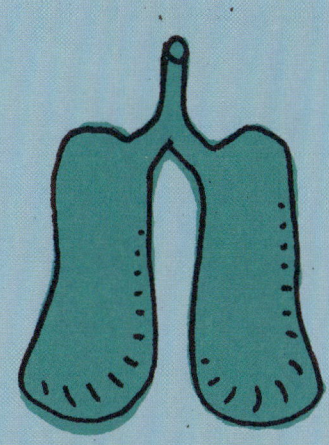

얼마나 살 수 있나요?

일벌: 2~4주

꽃: 약 1년

개: 약 16년

코끼리: 약 70년

나무: 최대 2,000년

13:00

토마스는 닭들에게 모이를 주려고 했어요. 그런데 냄새를 맡고 달려드는 닭들을 보자 궁금증이 생겼죠.

"동물은 모두 뇌가 있을까요?"

"많은 동물이 뇌를 갖고 있어. 사람에게도 뇌는 매우 중요한 기관이야. 뇌는 신경계의 다른 기관들과 함께 움직임과 호흡, 행동, 감각 등을 다루기 때문이지. **뇌에는 뉴런이라는 특수한 신경 세포가 있어. 사람의 뉴런은 약 860억 개인데, 서로 연결되어 정보를 주고받아.** 뇌가 없는 동물도 있는데, 이건 문제가 되지 않아. 특수한 신경 세포 그룹이 뇌와 비슷한 역할을 하거든. 이 신경 세포 그룹은 자극을 알고, 영양을 섭취하고, 위험을 알아차려서 방어하고, 재생하는 역할을 하지. 한 예로, 불가사리는 입 둘레에 있는 반지 신경계에서 신경이 뻗어 나와서 각 팔로 정보를 보내.
그런데 이런 신경 세포조차 없는 동물이 있어. 지구에서 살기 시작한 지 가장 오래된 생물 중 하나인 스펀지 같은 해면동물이 대표적이란다."

중요한 건 뇌의 크기가 아니에요!

일반적으로 뇌의 크기는 동물의 몸집과 관련이 있어요. 코끼리의 뇌는 아주 크고, 암탉의 뇌는 작아요. 사람의 뇌는 중간 정도고요. 그렇지만 종의 능력과 자질은 뇌의 크기가 아니라, 뉴런이 어떻게 배치되어 있고, 어떻게 서로 연결되어 있는지에 따라 결정된답니다.

문어는 뇌가 작지만 다리에 있는 약 5천만 개의 세포 덕분에 아주 똑똑해요. 미로에서 탈출하는 법을 배울 수 있고, 병뚜껑을 열어 안에 든 먹이를 꺼낼 줄도 알아요.

13:30

소피아와 토마스는
신체의 다른 기관들에 대해서
더 자세히 알고 싶어졌어요.

"심장이 없는 채로
살 수 있을까요?"

" 심장은 정맥, 동맥, 모세 혈관 등 크기가 다른 여러 핏줄이 몸 구석구석으로 혈액을 운반하게 하는 기관이야. **심장이 중요한 이유는 혈액이 모든 세포에 영양분과 산소를 전달하기 때문이지. 세포들은 혈액을 통해 영양분과 산소를 받아야 제 기능을 수행할 수 있거든.** 혈액은 세포에서 만들어진 찌꺼기들을 모아 없애는 일도 해. 심장이 없다면 뇌나 폐, 신장, 그 밖의 신체 기관들에 혈액이 닿지 않을 거야. 그렇게 되면 더 이상 살아갈 수 없게 되겠지! 심장은 대부분의 동물이 갖고 있어. 고래처럼 심장이 큰 동물이 있는가 하면, 쥐처럼 심장이 작은 동물도 있어. 물고기처럼 심장 구조가 매우 단순한 동물도 있고, 사람처럼 매우 복잡한 동물도 있지. 그런데 심장이 없는 동물도 있어. 바다거미는 심장이 없어. 대신 소화 기관이 꿈틀 운동을 해서 혈액과 비슷한 체액을 몸 전체에 돌게 하지."

2014년, 캐나다의 테라노바 해안에서 대왕고래의 사체가 발견되었어요. 고래의 심장은 무게가 약 199.5킬로그램, 길이가 약 1.5미터에 달할 정도로 거대했죠. 로열온타리오 박물관에 가면 그 거대한 심장을 실물 크기로 볼 수 있어요.

심장은 하나만 있나요?

심장이 없는 동물이 있는가 하면, 심장이 여러 개인 동물도 있어요!

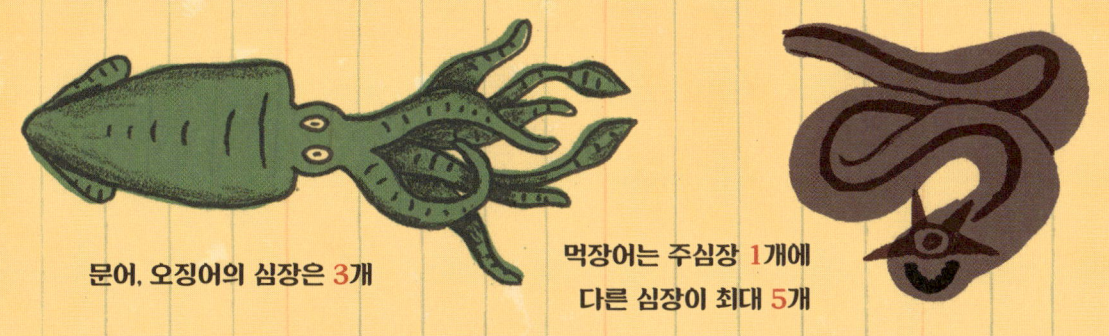

문어, 오징어의 심장은 **3**개

먹장어는 주심장 **1**개에 다른 심장이 최대 **5**개

지렁이는 심장이 **10**개

14:00

여러 가지를 이야기하다 보니,
갑자기 배 속에서 천둥 번개가 쳤어요.
우리는 서둘러 점심 식사를 준비했어요.

"왜 자꾸 배가 고플까요?"

"만약 위가 비거나 혈액 속 특정 영양 성분이나 에너지원이 부족해지면, 신경 세포들은 뇌에 신호를 보내. 그럼 뇌는 부족한 것들을 채우기 위해서 배고픔이란 감각을 느끼게 하지.

우리가 음식을 먹기 시작하면 배고픔을 전달했던 신호는 잦아들고 위와 소장에 있는 신경 세포들은 배부르다는 신호를 뇌에 전달하기 시작해.

그러면서 우리는 배고픔 대신 포만감을 느끼게 되는 거야. 이때 주의할 점이 있어. 포만감을 전달하는 신호는 뇌에 천천히 도착한다는 점이야. 그러니 음식을 천천히 먹어야 해. 그래야만 적당히 배부를 때 그만 수저를 놓을지 말지 뇌가 결정할 시간을 가질 수 있단다."

나누어 먹어요!

박쥐가 2~3일 동안 먹이를 먹지 못하면 죽을 수도 있어요. 그런데 박쥐 중에 흡혈박쥐는 동물의 피를 먹기도 해요. 드문 일이지만, 흡혈박쥐는 굶고 있는 다른 박쥐들을 만나면 피를 게워 내어 나누어 주기도 해요.

14:30

우리는 여러 가지 재료가 듬뿍 들어간
수프를 만들어 먹었어요.
참 맛있었답니다!

"소화시킨다는 건 무슨 뜻일까요?"

22

"사람은 잡식성이야. 풀과 열매, 씨앗부터 달걀과 생선, 고기까지 모두 먹고 소화시킬 수 있다는 뜻이지. **사람이 이토록 다양한 걸 먹고 소화시킬 수 있는 건 몸속에 효소가 있기 때문이야. 효소는 우리가 먹는 음식물을 분해하고 그 안에 담긴 영양분을 에너지로 바꾸어 주거든.** 우리는 이렇게 생겨난 에너지를 몸속에 저장하기도 하고, 여러 가지 활동을 하거나 성장하는 데 쓰지.

그런데 사람이 잡식성이라고 해도 플라스틱은 먹지 못해. 플라스틱을 분해할 수 있는 효소가 없거든. 플라스틱은 사람들이 인공적으로 만든 물질이라 원래 지구상에는 플라스틱을 소화할 수 있는 생물이 없었어. 하지만 최근에 몇몇 미생물과 곤충의 유충들이 플라스틱을 소화할 수 있게 변화했다고 해. 그래도 플라스틱을 아무 데나 버리면 안 되겠지?"

이것까지 먹다니요!

흰개미는 나무를 죄다 먹어 치워 버리곤 해요. 나무를 소화할 수 있는 미생물이 소화관에 있거든요. 나무로 만든 가구를 좋아하는 사람에게는 정말 끔찍한 일이죠!

지오박터 메탈리레듀센스는 놀라운 세균이에요. 석유에서 나온 찌꺼기뿐만 아니라 우라늄 같은 금속까지 먹어 치우니까요.
그뿐이 아니에요. 전기도 만들어 낼 수 있대요!

15:30

후식까지 먹고 난 뒤,
세시는 자랑할 게 있다며
새로 꾸민 온실로 우리를 안내했어요.

"식물은 어떻게
영양분을 얻을까?"

> 식물은 광합성을 통해 스스로 먹을거리를 만들어 낼 수 있어. 광합성은 태양 빛 에너지를 양분으로 바꾸는 과정이거든. **식물이 광합성을 하려면 태양 빛 에너지뿐만 아니라 물과 이산화 탄소가 필요해.**
> 식물은 뿌리로 흙에 있는 물과 무기 염류를 흡수하고, 잎에 있는 기공을 통해 이산화 탄소를 마시지. 태양 빛 에너지는 엽록소로 흡수해. 엽록소는 식물에 있는 색소인데, 이 엽록소 때문에 식물 잎과 줄기가 밝은 초록색으로 보이지.
> **이렇듯 식물은 광합성을 통해 성장과 발달에 필요한 양분을 생산해 내고 산소를 공기 중에 뿜어낸단다."**

태양
이산화 탄소
무기 염류
물

만약 씨앗을 삼키면 배 속에서 식물이 자랄까요?

씨앗이 싹을 틔우는 데에는 온도와 산소, 습도 등 필요한 조건이 있어요. 이런 조건이 갖추어졌다면 싹이 틀 거예요. 그런데 싹을 틔운 씨앗이 더 자라려면 태양 빛 에너지가 필요해요. 씨앗은 싹을 틔우느라고 갖고 있던 에너지를 다 썼기 때문에, 광합성을 통해 태양 빛 에너지를 흡수해야 자랄 수 있거든요. 그런데 태양 빛 에너지는 우리 배 속 내장까지 닿지 않잖아요. 그러니 우리가 씨앗을 삼켜도 배 속에서 씨앗은 싹트지 못해요. 당연히 식물도 자라지 못하겠지요?

16:00

온실에는 예쁜 식물들이 많이 있었어요.
그중에서도 소피아의 눈길을 사로잡은
특별한 꽃이 있었어요.

"육식성 식물은
어떻게 고기를
먹을까요?"

" 식물 중에는 더 다양한 방식으로 먹이를 구하는 식물들도 있어. **육식성 식물은 동물 중 주로 곤충을 잡아먹지.** 애벌레부터 아주 어린 새끼 물고기, 심지어 개구리까지 먹을 수 있어.
육식성 식물은 식습관이 그렇다 보니 토양 속 질소 성분이 부족한 습지나 암벽에서도 살 수 있지.

이 육식성 식물은 늘 한곳에 뿌리를 내리고 있는데 어떻게 움직이는 먹잇감을 잡을 수 있을까? 그건 바로 속임수를 쓰기 때문이야.

예를 들어, 파리지옥은 달콤한 액을 분비하지. 달콤한 향기에 이끌린 곤충이 파리지옥의 잎에 내려앉아 감각모에 두 번 닿게 되면 잎이 자동으로 닫혀 버려.
잎 안에 갇힌 곤충은 벗어나려 발버둥 쳐도 잎 가장자리에 돋아난 가시 때문에 옴짝달싹할 수 없게 돼. 그러면 파리지옥은 동물의 소화 효소와 매우 유사한 소화액을 분비해서 먹잇감을 꿀꺽 삼켜 버린단다."

물속에 사는 육식성 식물도 있어요! 주로 모기 유충과 양서류의 유충을 먹고 살아요.

포식자가 나타났어요!

2007년에 발견된 '네펜테스 아텐보로이'라는 벌레잡이통풀은 크기가 매우 커서 쥐도 삼킬 수 있어요.

17:00

해가 저물자 조금 쌀쌀해졌어요.

"우리 몸은 어떻게
체온을 유지할까요?"

" 사람은 날씨가 덥거나 춥거나 상관없이 언제나 체온을 36.5도 정도로 유지해. 날씨가 너무 더우면 체온이 올라가게 되고, 그러면 우리 몸은 땀을 흘리게 돼. 그 땀이 말라서 사라질 때, 우리 몸도 식고 체온이 내려가게 되지. 반대로 날씨가 추우면 체온이 떨어지기 시작하면서 몸이 부들부들 떨려. 몸이 떨리는 것은 열을 내기 위해 근육이 빠르게 풀어지고 오그라들면서 운동을 하기 때문이란다. **체온 조절은 항상성의 한 예야. 항상성이란 생명체가 몸속의 조건을 안정적으로 유지하는 능력이지.** 예컨대 우리 몸이 체온 조절 능력을 잃어버려서 체온이 40도가 넘게 오른다면 어떻게 될까? 효소와 같은 몸속의 중요한 성분들이 제 기능을 발휘하지 못하게 될 거야. 반대로 체온이 34도 밑으로 떨어진다면 신체 기능에 필요한 여러 화학 반응 속도가 느려지거나 반응하지 않게 될 거야. 체온이 일정하지 않으면 몸의 각 기관들이 제 기능을 하기 어려워진단다."

무더위

스스로 체온을 조절하지 못하면요?

다른 파충류들과 마찬가지로 이구아나는 스스로 체온을 조절하지 못하고 일정한 체온을 유지하기 위해 환경에 의존한답니다. 체온이 너무 낮아지면 태양을 향해 몸을 내던지거나 따뜻한 바위 위에 붙어 버리죠. 반대로 체온이 너무 높아지면 선선한 곳이나 그늘진 곳을 찾아 몸을 식혀요.

17:30

우리는 말을 타고 산책을 하기로 했어요.
그런데 마구간에는 귀여운 망아지만 있었죠.
세시는 말과 망아지는 DNA가 같으니,
망아지를 타도 말을 타고 산책하는 것과
같다고 했어요.

"DNA는 뭘까요?"

DNA

"모든 생물의 세포 속에는 데옥시리보 핵산, 줄여서 **DNA(디엔에이)** 라고 부르는 물질이 있어. DNA는 생물의 특징을 결정하는 유전 정보를 담고 있지. 각 생물종은 저마다 고유한 DNA를 가지고 있어. 사람의 DNA는 강아지나 가재, 나무의 DNA와 다르지. 게다가 사람마다 DNA는 달라. 다른 생물들도 마찬가지야.

그런데 DNA 전체가 유전 정보를 담고 있는 건 아니야. **유전 정보를 담고 있는 DNA 부분을 '유전자'라고 하지.** DNA 곳곳에 유전자가 있는 거야. 오래전부터 우리는 사람처럼 복잡한 생명체는 덜 복잡한 다른 생명체보다 더 많은 유전자를 가지고 있다고 믿어 왔어. 그런데 사실은 그렇지 않다는 것이 밝혀졌지. 사람의 세포에는 암탉의 세포와 거의 같은 수준인 약 2만 개의 유전자가 있어. 벼의 세포에 포함된 유전자는 최근 3만 2천 개로 밝혀졌단다."

세포는 분열하기 전에 DNA를 복제해요. 그 과정에서 분열된 두 개의 딸세포는 모세포와 똑같은 정보를 가지게 돼요. 그러니 DNA의 유전 정보는 절대 사라지지 않아요! 그런데 가끔 DNA가 정확하게 복제되지 않을 수도 있어요. 이런 실수를 '돌연변이'라고 해요.

일란성 쌍둥이는 똑같은 DNA를 가지고 있어요. 그렇지만 둘은 분명 똑같은 사람이 아니죠. 사람은 DNA가 담고 있는 유전 정보 그 이상의 존재이니까요.

17:45

망아지를 타고 나가니
눈앞에 멋진 풍경이 펼쳐졌어요.
우리는 궁금한 게 더 많아졌지요.

"생명체는
어디에서 왔을까요?"

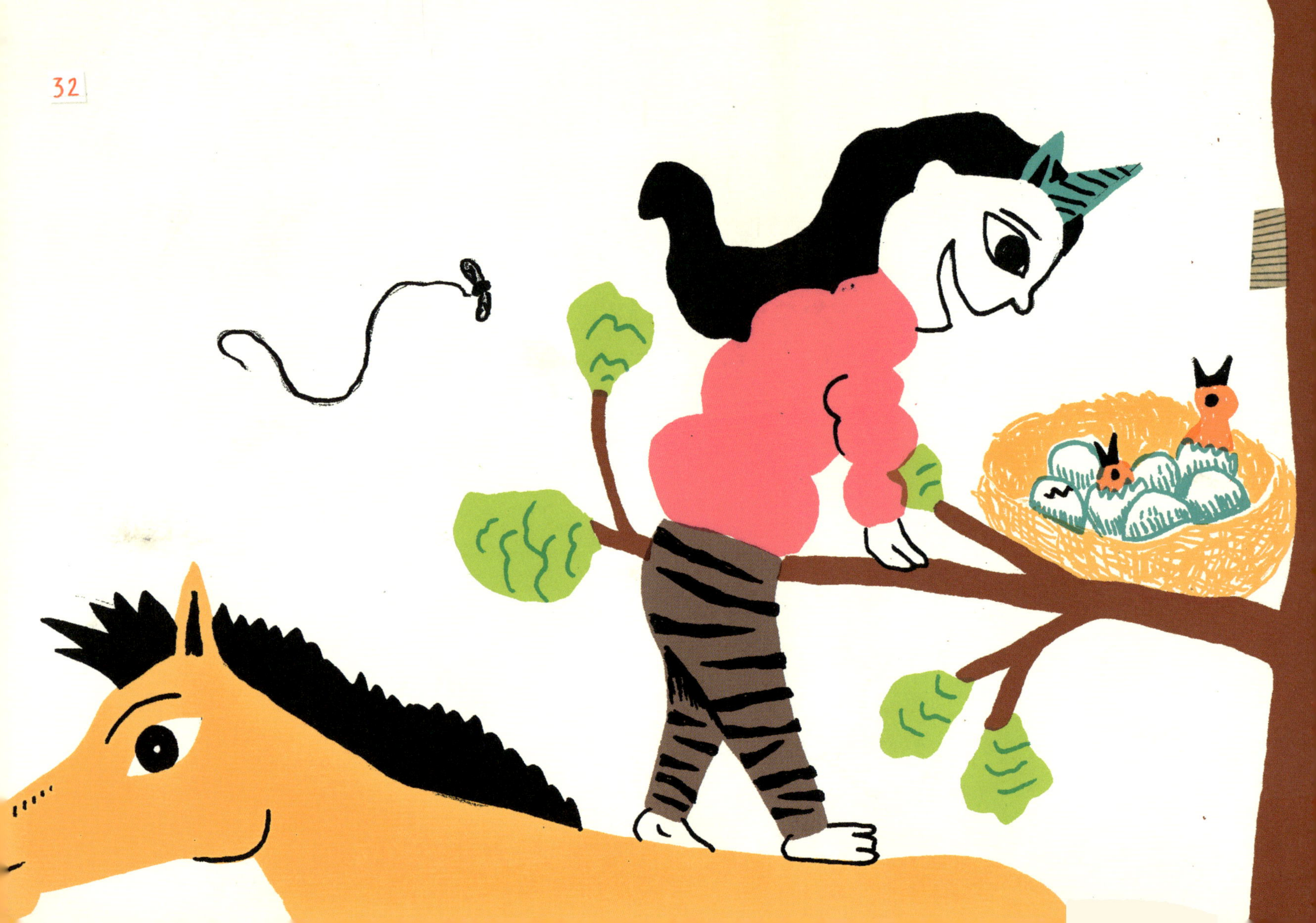

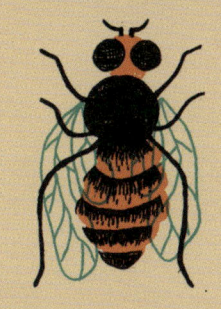
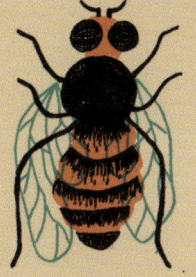
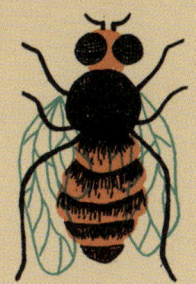

"생명체마다 태어나는 방식은 다르단다. 펭귄, 뱀, 어류 대부분은 알에서 태어나고, 식물은 씨앗에서 싹을 틔우지. 원숭이는 어미 원숭이의 자궁 속에서 자라다가 세상으로 나온단다. 그런데 이런 생명체들은 어디에서 왔을까? **사람이나 동물이 태어나려면 자신의 유전 정보를 절반씩 물려 줄 암컷과 수컷이 있어야 해.** 그들 사이에서 태어난 자식들과 새끼들은 부모와 닮았지만, 정확히 똑같을 수는 없어. **세균은 혼자서 새 생명체를 만들어 내지.** 혼자서 두 개의 세균으로 분열해. 이 두 개의 세균은 다시 네 개가 되었다가 여덟 개, 열여섯 개로 분열하지. 일부 진균류도 이런 방식으로 번식해. 빵을 만들 때 쓰는 미생물인 효모도 혼자서 번식하지. 자기보다 작은 아기 효모를 여러 개 만들어서 내보내기도 해. 이런 경우, 유전 정보를 복제하는 과정에서 오류가 발생하지 않는다면 새 생명체는 그들의 부모와 똑같단다."

혼자서도 번식할 수 있어요!

꿀벌은 독특한 방식으로 번식해요. 여왕벌이 수벌과 짝짓기를 하고 알을 낳으면, 암컷인 일벌이 태어나요. 하지만 여왕벌이 수컷 없이 혼자 낳은 알에서는 수벌이 태어나요. 여왕벌은 이런 방법으로 일벌과 수벌을 골라서 낳는답니다.

18:00

우리는 산책 길에서 양, 산토끼,
새 등을 만났어요.

"세상에는 얼마나 많은 종류의 생물이 존재할까요?"

> 지구에 사는 생물은 모두 '생명체'야. 이 생명체들은 저마다 다르지! 크기, 모양, 거주지, 식습관 외에도 많은 점이 달라. 이렇게 **여러 생명체가 다양하게 살아가는 모습을 생물 다양성이라고 해.** 생물 다양성은 인류에게 아주 중요해. 사람이 살아가는 데 필요한 먹을거리와 약품, 물품 등은 모두 다른 생물로부터 얻은 것이니까. 무엇보다 **생물 다양성은 지구가 균형을 유지하는 데에 아주 중요해.** 생물 다양성이 유지돼야 물이 자연스럽게 순환되고, 공기가 깨끗해질 수 있어.
>
> 생물 다양성 보고서에 따르면, 지구에는 약 1400만 종 이상의 생물이 사는 것으로 예상하고 있지. 이 중에서 사람들이 발견해서 기록한 종은 약 175만 종 정도야. 매일매일 새로운 생물들이 발견되고 있지만, 아직 발견하지 못한 생물들이 더 많을 거야. 바닷속 아주 깊은 곳이나 빽빽한 열대 숲처럼 사람이 가까이 가지 못하는 지역이 많으니까. 그리고 현미경으로 봐야 겨우 보일 정도로 아주 작은 생명체들이 많이 있으니까!"

얼마나 있을까요?

지구에 가장 많이 사는 생물은 세균이에요. 세균은 거의 모든 환경에서 살아가요. 바닷물까지 꽁꽁 얼어붙을 만큼 아주 추운 지역이나 깊은 바닷속, 심지어 사람의 몸속에서도 살고 있어요. 과학자들은 현재 살아 있는 세균의 수가 500양(5×10^{30}) 개쯤일 거라고 추정해요.

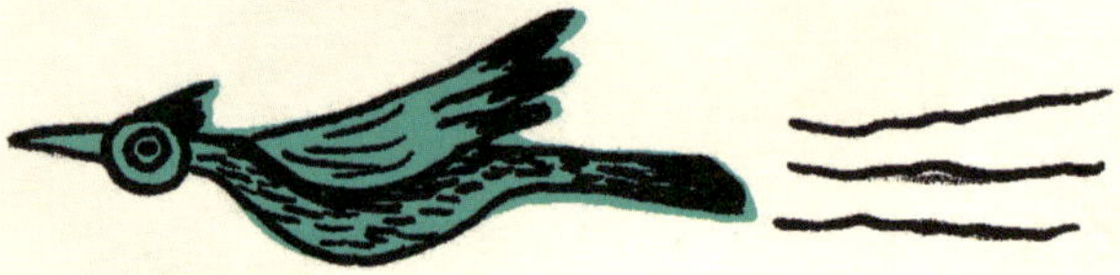

18:30

토마스는 또 새로운 질문을 꺼냈어요.

"왜 어떤 생물은 사라졌을까요?"

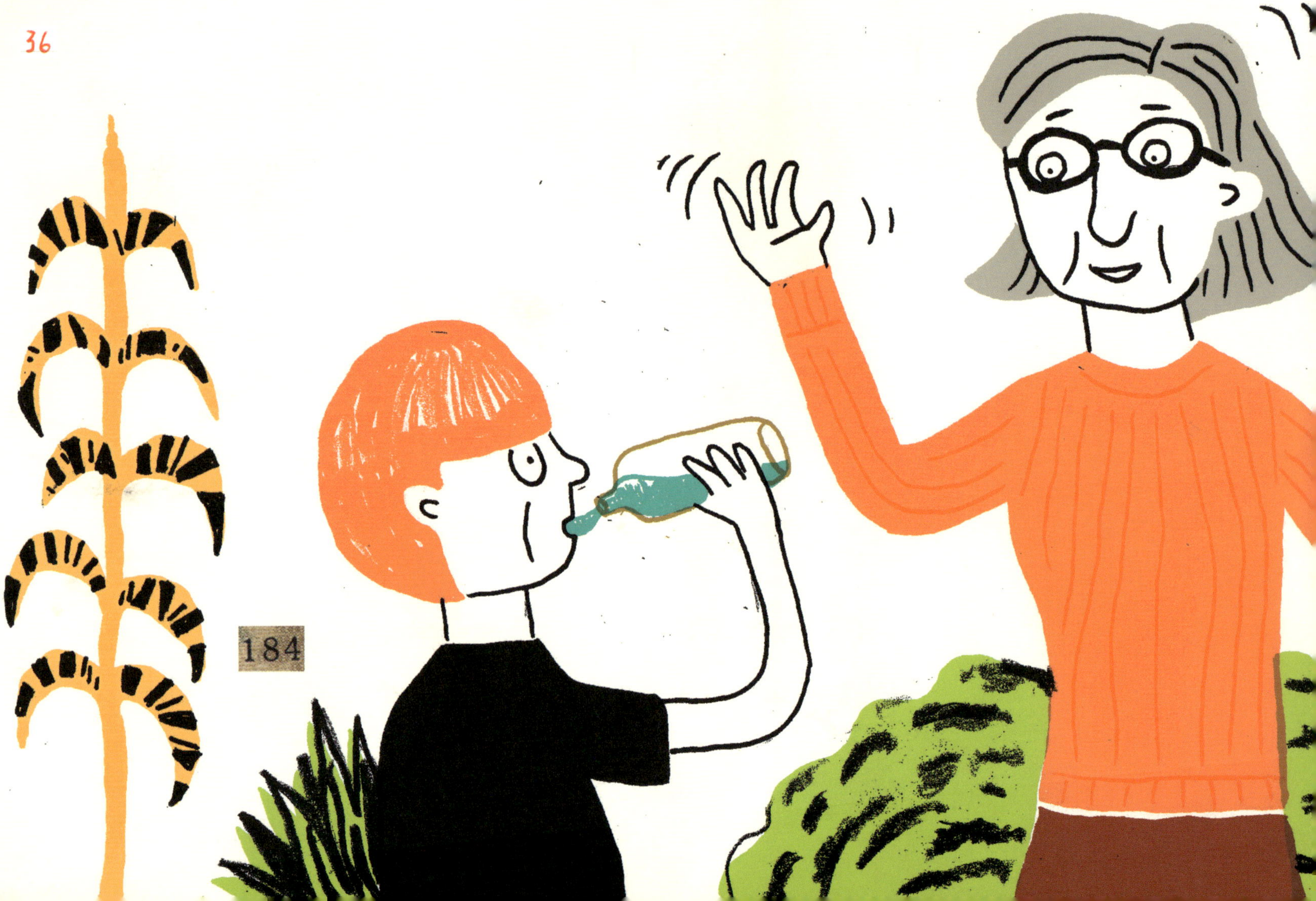

"한때 지구에 살았지만 이제는 사라진 생물도 많아. 공룡이 대표적이지. 우리는 화석이나 아주 오래전에 살았던 인류가 남긴 흔적을 통해 그 사라진 생물들이 지구에 있었다는 사실을 알 뿐이야.
기록으로 남겨진 대량 멸종 사건은 최소한 다섯 번 있었어. 가장 마지막 멸종은 6,500만 년 전에 일어났지. 바로 그때 공룡들의 시대가 막을 내렸어. 멸종은 오랜 시간이 흐르면서 나타나게 되는 자연스러운 순환 과정이야. 하지만 인류가 지구에 살기 시작한 이래로 멸종 속도가 400배 정도 빨라졌다고 해. 아주 심각한 문제이지. 해마다 1~5만여 종의 생물이 지구에서 사라지고 있는데, 사람들의 잘못이 아주 커. **무분별한 벌목으로 인한 산림 훼손, 외래종 유입, 토양과 바다 오염 등으로 수많은 생물이 살아갈 곳을 빼앗겼거든.**
생물 다양성을 지키고 보호해야 할 우리가 오히려 그것을 망가뜨리고 있지. 이걸 어떻게 멈춰야 할까?"

1938년에 남아프리카 해안에서 실러캔스라는 물고기가 잡혔어요. 사람들은 실러캔스가 6,500만 년 전에 멸종한 것으로 알고 있었거든요. 사라진 줄 알았던 실러캔스를 보고 사람들은 얼마나 놀라고 반가웠을까요!

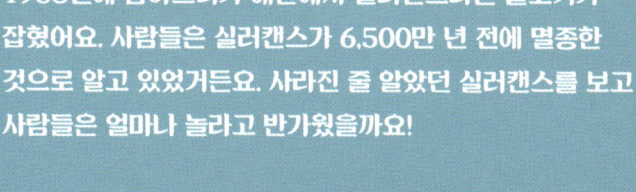

도도새는 왜 멸종되었을까요?

16세기 바다를 항해하던 선원들이 모리셔스 섬나라에서 도도새를 발견하고는 도도새를 사냥하기 시작했어요. 게다가 몇 년 뒤에는 모리셔스 섬나라를 강제 점령한 유럽인들이 도도새를 유럽으로 데려갔어요. 도도새는 자신의 평화로운 서식지를 잃어버렸던 거예요. 유럽에 간 도도새는 그곳에 사는 다른 생물들에게 잡아먹히거나 병을 옮아 죽어 갔지요. 그 결과, 1681년에 도도새는 지구에서 완전히 사라져 버리고 말았어요.

18:45

우리는 연못가에 앉았어요.
연못 주변 경치를 즐거운 마음으로
감상하던 소피아가 질문했어요.

"생물은 예나 지금이나
똑같을까요?"

"생물이 지구에서 살아가는 방식은 어쩌면 우리가 아는 것과 조금 다를지도 몰라. 예를 들면, 수백만 년 전에 살았던 고래들은 다리가 있었어. 고래에게 다리가 네 개가 있었다니, 상상이나 돼? 이 오래전 고래들은 물속에서 헤엄도 잘 치고 바다사자처럼 땅에서 기어 다니기도 했어.

그런데 어느 날 우연히 DNA에 돌연변이가 생겼고, 뒷다리가 앞다리보다 짧은 고래들이 태어나기 시작했어. 이런 특징은 계속해서 고래라는 생물종 전반에 걸쳐 전해졌지. **시간이 흐르면서 고래의 뒷다리는 점차 사라졌고 앞다리는 힘센 지느러미로 변하게 된 거야.** 사람을 포함해서 모든 생물이 살아가는 방식은 길고 긴 세월 동안 선조들의 DNA에 쌓인 하나의 작고 연속적인 변화의 결과물이라고 할 수 있지. **과거에 발생했고 또 앞으로 발생할 이 모든 변화를 '생물학적 진화'라고 한단다."**

고래의 뒷다리가 퇴화되고 지금처럼 진화한 증거가 고래 몸에 남아 있어요. 뒷다리가 있던 자리에 작은 뼈가 남아 있거든요. 이 뼈야말로 고래가 진화한 명백한 증거예요.

" 풀과 나무는 생물이지만 돌과 물, 흙 따위는 비생물이야. 생물과 비생물이 구분되는 특징은 무엇일까? 생물학자들은 생물이 지녀야 할 특징과 능력이 있다고 말해. 그 특징은 바로, **아주 작은 생물부터 아주 큰 생물까지, 모든 생물은 세포로 이루어져 있다는 거야. 그리고 모든 생물은 내부와 외부에서 오는 자극에 반응하지**. 예컨대 사람의 경우, 추위를 느끼면 그에 대한 반응으로 몸을 떠는 것처럼 생물은 자극에 반응해. 이런 반응 덕분에 생물은 항상성을 유지하면서 살아가기 위한 안전한 상태를 만들어.

그리고 살아 있는 존재에게는 '생애 주기'라는 것이 있어. 탄생하고 성장하고, 번식해서 후손을 남기지. 그리고 죽음을 맞이하면서, 물질과 에너지를 자기 주변 환경과 교환해. 생물의 또 하나의 중요한 특징은 진화를 한다는 거야. 그래서 오랜 시간이 흐른 뒤에 후손를 보면 조상과 같지 않을 가능성이 크단다."

기준은 틀릴 수 있어요!

노새는 수탕나귀와 암말이 짝짓기해서 태어난 생물이에요.
노새가 생물이라는 것을 부정할 사람은 아무도 없을 거예요. 하지만 노새는 생물로 보기 위해 갖추어야 할 모든 요건을 갖지 못했어요. 노새는 후손을 남길 수 없기 때문이죠.

바이러스는 생명체일까요?

바이러스는 생물과 비생물의 경계에 있어요. 바이러스는 세포가 아니며 세포로 이루어지지도 않았기 때문이죠. 그렇지만 다른 생물들의 세포에서 번식할 수 있답니다.

19:30

우리는 손전등으로 어두운 밤길을
밝히며 차를 세워 둔 곳까지 걸었어요.
장난기가 동한 나는 이렇게 질문했어요.

"좀비는 살아 있는 걸까,
죽은 걸까?"

"영화나 드라마, 책에 등장하는 좀비들은 '살아 있는 죽은 자'야. 표현 자체가 모순적이지! 죽는다는 것은 움직이는 데 필요한 에너지를 만들어 내거나 신체 기능을 유지하기 위한 물질들을 더 이상 만들어 낼 수 없다는 뜻이야. 그래서 좀비는 살아 있지만 보거나 음식 냄새를 맡을 수 없고 말하지도 못하지.

그런데 **좀비처럼 행동하는 생물이 있어. 살아 있는 생물인데도, 자신을 통제하지 못하는 경우가 있거든. 고치벌이 알을 낳을 때 사용하는 나방 애벌레가 그런 경우야.** 고치벌 유충은 나방 애벌레를 먹고 자라. 하지만 애벌레가 가만있지는 않겠지? 그래서 고치벌 어미는 나방 애벌레를 마취시켜 움직이지 못하게 만들어. 고치벌 유충은 자신이 뜯어 먹어도 죽지 않을 부위를 골라서 먹지. 그래서 나방 애벌레는 죽은 것처럼 움직이지 못하지만 고치벌 유충이 번데기가 될 때까지 살아 있단다. 마치 좀비처럼."

뼈도 세포로 이루어져 있어요. 뼈를 이루는 세포가 죽으면 뼈는 더 부서지기 쉬워지죠. 그러니 흐느적거리며 돌아다니는 좀비는 사람보다 더 쉽게 뼈가 산산조각 나겠지요?

19:45

우리는 돌아오는 길에 별이 쏟아질 듯한
하늘을 바라보며 감탄했어요.
질문도 한층 깊어졌죠.

"다른 행성에도
생명체가 있을까요?"

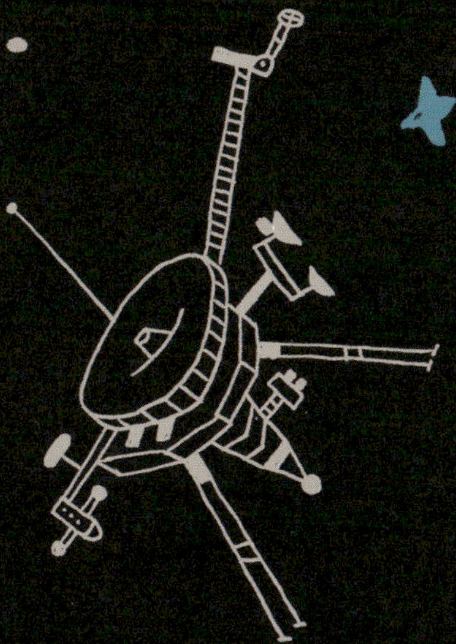

" 과학계에 몸담은 다양한
분야의 연구자들은 우주의 다른
곳에 있을지 모를 생명체의 흔적을
찾으려고 연구에 힘쓰고 있어.
그만큼 외계 생명체가 우주에
있는지를 밝혀내는 작업은 아주
어렵지. 그런데 외계 생명체가 우주에 살고 있다면, **그곳은 우리가
지구에서 살기 위해 반드시 필요한 탄소, 수소, 산소, 질소, 인,
황 등의 물질들이 발견될 가능성이 높아. 이 물질들은 세포를
만들어 내는 데 꼭 필요하거든.**
또 과학자들은 지구의 생명체가 물에서 시작되었음을 알고 있기에
현재 또는 과거에 물이 있었던 흔적을 찾고 있어. 바로 이런 이유로
약 40억 년 전, 화성 표면에 강과 호수가 있었던 때 그곳에
생명체가 살았는지에 관한 연구가 이루어지고 있어.
그런데 다른 행성에서 사는 생명체는 우리와 전혀 다른
것을 필요로 할 수도 있지! 어쨌든 외계 생명체를
찾는 작업은 오늘도 계속되고 있단다."

거기 누구 있어요?

보이저 1호와 2호는 1977년에 태양계 탐사를 목적으로 우주로 향한 탐사선이에요. 지구인들은 혹시 외계 생명체가 탐사선을 발견할지도 모른다는 희망을 품고 탐사선 안에 지구의 이미지와 소리가 담긴 골든 레코드를 실어 두었답니다.

토성의 위성 중 여섯 번째로 큰 위성인 엔셀라두스는 외계 생명체가 있을 것으로 기대되는 위성이에요. 엔셀라두스의 표면 아래에 바다가 존재할 가능성이 포착되었기 때문이죠.

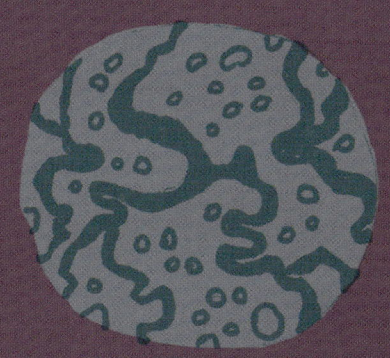

22:00

집에 도착하자 허기와 잠이 몰려왔어요.
간단하게 저녁 식사를 마치고,
나는 세시와 함께 보낸 멋진 하루를
기억하며 건배를 제의했답니다.

소피아는 잔을 들며 이렇게 말했어요.
"과거와 현재 그리고 미래의 생물들을 위해 건배!"
토마스도 한마디 거들었어요.
"세시 아줌마를 위하여 건배! 오늘 우리는 위대한 발견을 했어요. 그건 바로 생물학이 정말 우리 생활 속에 있다는 거예요!"

"생물학을 위해 건배!"

생물 다양성
생물
멸종...
적혈구 세포
잡식성 성장 죽음
노화 에너지
심장 진화
영양 성분 DNA
산소 허기
뇌 광합성
효소
엽록소  육식성 식물
체온 유전자
돌연변이  뉴런
유전 정보 항상성

조금 더 알고 싶다면 다음을 참고하세요.

· 국립생물자원관
www.nibr.go.kr

우리나라의 여러 가지 생물 자원과 생물 다양성에 관련된 정보를 얻을 수 있어요.

· 어린이생물교실
www.nature.go.kr/child/

식물, 곤충, 버섯, 야생 동물 등 다양한 생물에 관한 지식과 정보를 살펴볼 수 있어요.

글 세실리아

1981년에 부에노스아이레스의 작은 마을에서 태어났어요. 어릴 때부터 자연을 탐험하고 곤충과 식물을 관찰하길 좋아했어요. 뼈에도 관심이 많았답니다. 그래서 과학자가 꿈이었어요. 대학에서 생명 공학을 공부하고 생명 과학 박사 학위를 받았어요. 교수이자 과학 전도사이고, 과학에 관하여 쓰고 말하는 걸 좋아해요. 현미경으로 '원생생물'이라고 알려진 놀라운 생명체를 들여다보는 것도 무척 좋아해요.

글 발레리아

1982년에 부에노스아이레스에서 태어났어요. 화학 박사이자 교수이지만 지금도 공부를 계속하고 있어요. 코니셋의 연구원이자 과학의 대중화를 위해 노력하는 작가이기도 해요. 다양한 매체에 글을 쓰고 자문을 해요. 이 책에서처럼 매일같이 질문을 퍼붓는 소피아와 토마스의 엄마이기도 해요.

그림 파블로 피시크

1978년에 부에노스아이레스에서 태어났어요. 어릴 때부터 공벌레를 찾아다니고, 게레치 물고기를 잡으러 다니길 좋아했어요. 멸종한 도도새에 관한 노래를 부르면서 눈물을 흘리기도 했고요. 그림 그리는 걸 아주 좋아해서 그리고 조각하고 디자인하는 일을 직업으로 삼고 있어요. 많은 책에 그림을 그렸고 나무와 식물, 강과 산을 사랑해요.

옮김 윤승진

한국외국어대학교 스페인어과를 졸업한 후 동 대학 통번역대학원 한서과를 졸업했어요. 현재 엔터스코리아 스페인어 전문 번역가로 활동 중이에요. 옮긴 책으로는 『FC 바르셀로나 바이블』 『레알 마드리드 바이블』 『세계의 역사와 문화가 쉬워지는 재밌는 성경 이야기』 『알로하! 호오포노포노』 『화학이 정말 우리 세상을 바꿨다고?』 『생태학이 정말 우리 지구를 지킨다고?』 등이 있어요.

감수·추천 이은희

연세대학교에서 생물학을, 같은 학교 대학원에서 신경생물학을 공부한 뒤 고려대학교에서 과학언론학 박사 과정을 수료했어요. 현재 과학책방 '갈다'의 이사이며, 책과 방송, 강연 등 다양한 방법을 통해 많은 사람에게 과학을 알리는 '과학 커뮤니케이터'로 활동하고 있지요. 지은 책으로는 『하리하라의 생물학 카페』 『하리하라의 과학 블로그 1, 2』 『하리하라의 과학고전 카페』 『하리하라의 과학 24시』 『어린이 대학 : 생물』 등이 있어요.

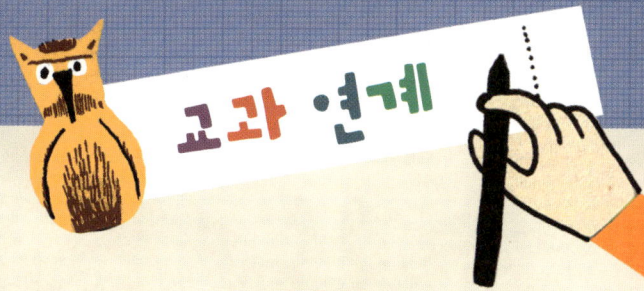

교과 연계

| 3-1 과학 | 3. 동물의 한살이 | 17:45 | 생명체는 어디에서 왔을까요? |

| 3-2 과학 | 2. 동물의 생활 | 18:00 | 세상에는 얼마나 많은 종류의 생물이 존재할까요? |

| 4-1 과학 | 3. 식물의 한살이 | 15:30 | 식물은 어떻게 영양분을 얻을까? |

| 4-2 과학 | 1. 식물의 생활 | 18:00 | 세상에는 얼마나 많은 종류의 생물이 존재할까요? |

| 5-1 과학 | 5. 다양한 생물과 우리 생활 | 11:00 | 나무는 무엇으로 만들어졌을까요? |

5-2 과학	2. 생물과 환경	18:30	왜 어떤 생물은 사라졌을까요?
		18:45	생물은 예나 지금이나 똑같을까요?
		19:00	생물과 비생물의 차이는 무엇일까요?

6-1 과학	4. 식물의 구조와 기능	11:00	나무는 무엇으로 만들어졌을까요?
		11:15	성장은 어떻게 이루어질까?
		15:30	식물은 어떻게 영양분을 얻을까?

6-2 과학	4. 우리 몸의 구조와 기능	13:30	심장이 없는 채로 살 수 있을까요?
		14:00	왜 자꾸 배가 고플까요?
		14:30	소화시킨다는 건 무슨 뜻일까요?
		17:00	우리 몸은 어떻게 체온을 유지할까요?
		19:00	생물과 비생물의 차이는 무엇일까요?